AF210651

Jag vill titta under vattnet

Ett urval av dikter från fyra decennier

Jennie Elevall

Didymos Poesi

Jag vill titta under vattnet

© 2018 Jennie Elevall & Didymos Bokförlag

2:a upplagan

Målning på omslaget: Jennie Elevall

Redigering av text: Tomas Malm

ISBN: 978-91-984767-2-9

Tryck: BoD — Books on Demand, Norderstedt, Tyskland 2018

Om du vill veta mer om Didymos Bokförlag och dess författare, vänligen titta in på vår webbplats:

didymos–bokforlag.com

För detaljer gällande rättigheter med mera vänligen kontakta förlaget via dess webbplats.

Förord

Diktsamlingen du håller i din hand innehåller ett urval av dikter från olika delar av mitt liv. Under flera år samlade jag mer eller mindre systematiskt ihop dikter till olika diktsamlingar som jag också namngav. En av dem, "Med rätt att leva", tryckte jag på eget förlag år 2000. De övriga blev obearbetade samlingar som nu i många år legat bortglömda i lådor medan jag färdades vidare mot något annat.

Min sambo Tomas började dock intressera sig för dikterna och föreslå att vi skulle trycka ett urval av dem i hans nystartade förlag. Även om en del av mig tänkte att "Jamen de där dikterna är så gamla, jag kan ju inte ge ut dem nu!" så blev både jag och dikterna glada. Det känns också skönt att bli mer tomhänt igen så att jag med gott samvete kan ta emot nya ord om de vill komma. Fastän jag, där jag är nu, inte tänker och erfar exakt samma saker som dem jag skrev om då, så kan jag känna en ömhet och tacksamhet för livsresan som varit hittills. Kanske kan någon dikt även glädja, beröra eller ge perspektiv till någon annan på sin resa.

Även om olika delar av mitt liv avspeglas i denna bok så är den dock inte menad som en övergripande biografi. Det är många viktiga människor och händelser i mitt liv som inte finns representerade här. Ur fågelperspektiv kan jag också se att mitt liv å ena sidan haft och har en rätt klar inriktning, men å andra sidan spretat åt många olika håll. Då dessa dikter är skrivna under olika perioder av mitt liv och med lite olika stilar så är denna diktsamling också rätt spretig, och inte så väl sammanhållen som en diktsamling med gemensamt tema skulle vara. Men man kan se på dikterna som olika fragment från mitt liv eller som en väggmålning där man kan stanna till vid de uttryck som lockar en och gå förbi andra ...

Så med tacksamhet till alla som någon gång uppmuntrat mig i mitt skrivande och till Tomas som hjälpt mig att få denna bok klar för tryckning till min fyrtioårsdag, vill jag nu låta dessa dikter leva sitt eget liv och kanske landa i någons hjärta eller öppna handflata.

Allt gott till er alla,

Jennie Elevall, Åland, Maj 2018

Mina första dikter

I mörkret finns det
ett ljus, det blänker
som sol.

Men jag förstår inte
hur det kan vara
så vackert, det är
som de brinner
i mörkret

— Jennie 6 år, 23 februari 1985

5

Jag vill se de
på nära håll
Jag vill titta
Jag vill titta under vattnet
Jag vill också se
Jag vill inte bara
drömma om de.
Vad är det som finns nära på jorden?
Är det drömmar?
Heller kan de va sol?

— *Jennie 7 år*

Jag har börjat mitt liv
som ingen annan har gjort
Jag tycker barndomen har gått fort
Jag vill leva mitt eget liv
Leva leva mitt liv
Jag vill strunta i allt annat ett tag
Leva Leva mitt liv.

— *Jennie 9 år*

Ur diktsamlingen "Med rätt att leva" 1997–2000

KEDJOR

Kedjor av sorg
vi sitter fast i varandra
Din gråt är min gråt
Du skriker   jag fäktar
    Vi faller
djupare
närmare
längre bort
än någonsin

Åh Liv ta oss hem
Lämna ingen i mörker
Åh hjärtat mitt brinn!
Smält loss våra kedjor
de tynger de drar

De stryper ett liv
som jag älskar

MÖTEN

Möter mig själv
i varje blick

Varje människa är jag
letar efter igenkännande
bakom stenfasader

Mina värderingar
min rädsla
min kärlek
mitt fördömande
är bara mitt

Stormarna i era ögon
är inte era

GLIMTAR

Glimtar av sanning
virvlar förbi
Som maskrosfrön
de landar i tomma händer

Fyrkantiga tankar
blir i trollslag
mjuka känslor

Det är vackert när insikter kommer
Sorgligt när de går

Men Trollkarlen bara ler

KÄRLEK ÄR

Kärlek Är
att släppa taget

Låta alla gå
och ändå älska

Kärlek Är
att ge det jag har och är

Stå kvar med tomma händer

fulla av skratt

14

DET FINNS ALLTID NÅGON

Det finns alltid Någon som ser mig
Det finns alltid Någon som hör
när jag ber
Någon som alltid älskar
fastän jag inte alltid ler

Det finns alltid Någon som bryr sig
Någon som stöder
när terrängen känns hård
Någon som skrattar med mig
då jag upptäcker att inget är svårt

Det finns alltid Någon inom mig
Någon som berättar att livet
inte är kallt
Någon som sakta öppnar mitt hjärta
lär mig se Någon överallt

ELD

Aldrig
har någon brunnit som Du
Aldrig har någon varit
så ljus som Du

Aldrig
har någon fått mig att bli
så fumlig och rädd

som Du.

RÄTT ATT VARA GUD

När ska den förstelnade
huden ramla av?

Knutna nävar
fastlåsta leder

När ska allting rasa?

Virveln snurrar snabbare
Färger dansar

Måste...!

Hjärtat trummar fortare
Själen längtar

Plikt att finna frid!
Rätt att vara Gud

VILL VILA

I en värld där man ska synas
vara individuell och speciell
Hur vore det
att vara ingen alls?

I ett samhälle där man ska höras
vara kvick och babbla på
Hur vore det
att bara sitta tyst?

På en jord där man ska ta
vilja ha och vilja bli
Hur vore det
att bara önska frid?

Åh Liv
Låt mig vila i Dig
Lär mig vara ingen i allt
Hjälpa till i tyst frid

TROTS ALLT

Bakom skärvorna
splittringen
och flaxet
Där finns Jag
och jag är glad
att jag finns
— trots allt

TILL EN RASTLÖS EN

Jag fångar inte vilda fåglar
Det är lockande
men jag ber om att kunna låta dem flyga
Vackra fjäderskrudar
klär ej min vägg
De ska bäras av bultande hjärtan

Så flyg iväg nu
hitta hem

Vinden är min kärlek
till dig

JAG ÄR DIN

Jag följer dig
Du följer mig

Vi leker skrattar
och finns

Jag är din
Du är min

Kärlek är allt
jag minns

Tänk att sitta här och se dig
utan att vilja ha
Inte önska
inte be
inte hoppas
att du ska titta på mig

Förstås liten gnagande oro:
Gör jag fel?
Missar jag tusentals livs chans
att bli fri?

Borde jag kasta mig
framför dina fötter skrika:
Bär mig!
Lämna mig inte!
Låt mig inte gå själv!

Men hur kan jag?
Hur vill jag?
Jag sitter ju i mig själv

Och det är så skönt
att vara Jag
istället för Du.

MÅTTE VI MÖTAS!

Aldrig att sanningen låter sig begränsas
Aldrig att den svarar bara på ett namn!

Som om berget skulle bry sig om hur man klättrar
och havet smeka endast vissa snäckor...

Vansinne! Komik!

Du ber för mig att jag ska vandra den "rätta" vägen
älska den "rätta" formen
lovprisa det "rätta" namnet

Åh Skrattretande värld!
Måtte vi en dag mötas mitt i havet
på den högsta klippan

Tillsammans se att former namn och vägar
tillhör Drömmarnas land.

23

SJÄLVKLART

Om havet är kärlek, min vän
Hur kan vågorna göra något annat
än att älska?

KONTAKTANNONS

Förstående man sökes av hälsoskäl
för att täppa till hål i huvudet.
Akut behov av verklighetskontakt och kropp.
Beröring och brottning ett måste.

Behöver dig för att existera som fungerande form
Finns Du?

"Finns Jag?"

FÖR MYCKET HIMMEL

För mycket
himmel nu
Jag behöver Jord

Ge mig
en hand
på min vänstra skuldra

Så att jag känner
min egen
eld

PÅ VÄG HEM

Orangeröda och gulbruna väsen
Hälften i lönnarna
Hälften på kall mark
framför mitt pepparkakshus
Stämningsfullt, kände jag
Blev glad
tog fram kameran
och fotograferade för att minnas

Jag visste förstås inte då
vad det var jag ville minnas
Jag förstod inte då
vad det var jag ville förstå

Jag såg bara att löven var många
vissa fallna
andra upphöjda
ett flertal skimrande
några låg trasiga

Och alla var jag.

TRO INTE FÖR MYCKET

Tro inte för mycket
på mina ord
De är endast byggklossar
till nya slott
leksaker för att jag ska ha
något att göra

Det vackraste
Det sannaste
Det djupast upplevda
finns inte med i denna bok
Det måste sökas bortom orden
där pennan ligger tyst

Saga eller verklighet
Rätt eller fel
bara olika världar

"Jag tycker"
"Jag tror"
"Jag vet"

Vad finns det att veta
egentligen?

EN NY DAG

Varje morgon föds jag
Ett nytt jag i en ny värld
Det eviga är det föränderliga
Rörelsen
       Rytmen
              Dansen

Dikten som rinner mot havet

Varje morgon får jag fråga
Vem vill jag vara?
Hur ska jag dansa idag?

Jag får vara vem jag vill
Utan att förklara och försvara
Den jag var igår.

NÅGONSTANS DÄR UTE

Någonstans därute
finns alla som jag älskar
Alla jag älskat och älskar
alla jag mött och delat lite liv med

Nu lever de sina liv
precis som jag lever mitt
De tänker och känner och gör

Och ibland
nuddar deras tanke kanske mig
alldeles samtidigt
som jag rör vid dom

Trådar av omsorg
Vi rör vid varandra
när jag hittar den perfekta byrån
i soprummet

Ur "Solcirklar och islossning" 1999–2003

BARNETS UNDRAN

Alla rusar förbi
Alla ska fort iväg och bli
Ingen vill stanna och leka med mig
Varför springer alla, *snälla säg!*

Det verkar finnas något där borta
som inte finns här
Men alla bara springer fortare

när jag frågar vad det är.

MORMOR

Du sitter inte längre vid köksbordet i Pellas
Du dricker inte kaffe med oss
Du informerar oss inte om de färskaste
världsnyheterna
och visar oss inte ditt senaste handarbete

Men jag är glad mormor
för du känns så glad

Jag tror du sjunger igen
Att du med ljus, bärande stämma
glädjer i din himmel

Och jag är glad
för jag tror att du dansar som aldrig förr
ung och fnittrig, tillsammans med morfar
som också är glad
för att ni är tillsammans igen

Och jag är glad
för att jag tror att du upptäckte
att döden inte var mörk
utan till din förvåning ljus och rolig,
en befrielse från en gammal välanvänd kropp

en glädje att åter få hänga med i själens svängar

Och jag är glad mormor
för alla oss som kommit till genom dig
Vi har dig att tacka för att vi finns just nu

Och jag tror mormor
att du vill att vi ska vara rädda om varandra
ta hand om varandra
inse gåvan av att vara del av en stor familj

Och jag tror
att du skulle vilja berätta för oss
att riktig hisnande glädje
inte uppnås genom att ta och ha
Utan genom givande
och att önska andra bara det allra vackraste
och bästa

SYSTRA MI

Hon balanserar på kanten
Leker med elden
Skrattar åt de med tillknäppta skjortor
och regler de måste följa

Hon flyger och störtar
Gråter och lever
Irrar och undrar
Men blundar och bryter ny mark
i dimmiga dalar
Går några centimeter till ut på kanten

Hon ber och ser
Skriket skär i mig
Men hon viker bort sin blick
Fortsätter sin elddans på staketet
medveten om att staket kan falla
och att snedsteg är så enkelt

Jag tittar på henne
Tacksam för ännu en stund
Bäddar om henne i rödheten
Med beundran, förundran, stolthet,
glädje och sorg

Önskar jag vore så stor
så fluffig och mjuk att jag kunde
vaddera in alla hårda kanter
hon snubblar in i

Önskar hon skulle
dyrka hela sig själv
lika mycket som avgrunden.

JAG VILL VÄNTA LITE

"Nej, jag är inte ledsen"
"Nej, jag är inte sjuk"
Jag vill bara vänta lite
så att mitt eget ansikte kan födas

Jag vill bara vara lite
så att jag inte hoppar på första bästa räls
Börjar plocka blommor
i andras rabatter, använda masker
från landet Längesen.

Jag vill vänta lite
så att jag inte tror att jag har bråttom
bara för att alla andra springer
Så att jag inte börjar äta ostsmörgås
när jag egentligen vill ha russingröt.

Och jag behöver coola ner mig lite
så att jag inte går och tror att jag vet
hurdan jag är och vem nog ni är
Så att jag inte av bara farten tänker
att det finns gränser och lagar
för vad människan kan vara.

Jag vill vänta lite
så att livet hinner forsa ut ända ut i
fingerspetsarna, tånaglarna och ögonbrynen
Så att jag får leva i mellanrummet
kanske håva in en ny tanke
nynna en ny dikt måla en ny rytm
Vara med och dansa fram en ny värld.

Jag vill vänta lite
så att jag har möjlighet att känna efter
vart mina ben vill gå
och åt vilket håll jag vill sträcka mina armar.

Ja, jag vill vänta lite
så att jag inte hoppar på första bästa räls
och tror jag är ett tåg.

FREDAGSKVÄLL I APRIL

Utanför mitt fönster
Gungar solen
Leker våren
Skiner barnen

Inne i mitt rum studeras *koncentrations-
svårigheten*;
Tenta på tisdag
Vår nu

Läser konfliktlösning först nästa höst.

SKRIK MÄNNISKA!

Skrik människa!
Låt dom inte ta den, lusten en gång brann den,
livet lekte fritt i dina skulderblad

Skrik människa!
Låt dom inte sätta sig på dig
Få dig att tro det tunga är normalt
är du, är ju så livet är   idag.

Skrik människa!
Låt dom inte stänga in dig i rum
gråa väggar utan fönster,
doft av betong
Det röda behövs nu.

Skrik människa!
Låt dom inte blända med plast, ett enkelt liv,
inget ansvar för det är ju redan för sent:
"Vad kan man göra åt utvecklingen?
Vad finns det för alternativ att döva smärta med
än ett slag, en spark, ett piller, ett rus,
en grå filt att dra över sig?"

Skrik människa!
Låt dom inte trampa ner blommorna
du en gång odlade och älskade
Låt dom inte asfaltera in hela din kropp

Skrik människa!
Nej aldrig för sent Det är dina sjöar, ditt blod
    som förgiftas
din själ och dina barn som ...

... Skrik människa! Du dansade
Vad hade de för rätt att överrösta musiken?

RYMDSTRETCHING

Gå dit du aldrig gått förut.
Öppna den dörren. Just det handtaget
Den dörren du aldrig tidigare stått framför
Den byrån i det rummet du aldrig kommit till
om du bara velat visa finsalongen.
Den lådan   Dra ut på den stigen du knappt
    ser
Sträck dig åt det hållet   Nå det äpplet
i okänd rymd

Dansa sen henne du föder just nu.
Forma den lerklumpen och sjung den tonen
i den sången som aldrig tidigare ljudit i dalen
Skruva ihop den grejen ingen ännu vet vad den
    ska användas till
Hoppa från det berget
Gör den grimasen   Tänk den tanken

        Du inte visste fanns

Jag sätter världen i mitt hjärta
bär den där tills den blir glad igen
Då plockar jag ut den och kliver in i den

GUD DANSAR NAKEN

Gud dansar naken idag
Utan minnen
utan skam och skuld

Hon sträcker sig dit
hon aldrig sträckt sig förr

Du sade du är en rytm
Jag tror jag är en dans

Framme finns inte

Bara dans

SMÅ BLOMMOR VÄXER

Små blommor växer
Ta hand om dom
Skydda dom från farliga klumpdjur
Vattna dom   Vörda dom
Ge dom bara till varelser med
stora fönster och försiktiga fingrar

Små blommor växer
De behöver mjuk kärlek
och växthus med åskledare
De behöver respekt, tålamod
och ögon som ser blommans skönhet
bortom den skälvande knoppen

Små blommor växer
De vill liksom stora blommor
ge sig till världen och livet
Men under växtperioden
lite varsammare
Och med mindre yviga rörelser.

STJÄRNÖGA

Åh Stjärnöga
Tro inte du är mindre än oceanerna
och strålar svagare än solen
Tro inte att det finns drömmar du inte kan leva
och tro inte att havet är något annat än ödmjukt

Åh Stjärnöga
Tro inte på gränser och moln
Du är fri kommer alltid va

Och Stjärnöga var inte rädd
Åskväder är bara åskväder
regn är bara regn
Är inte vatten fascinerande?!
Och varför försvara något
som ändå inte varar

Åh Stjärnöga
Du är vass och klar
Du har hjärtsvärd att skydda din sanning med
Du är en helig dans

Så Stjärnöga tro aldrig
du har färre färger än regnbågen

Du behöver aldrig plocka blommor utifrån
Du är en kunglig trädgård

Åh Stjärnöga
Var lycklig
Jag är så glad att du är här

JAG GER MIG TILL FALLET

Jag ger mig till droppen som faller
Jag vet den kan slå i marken när som helst
Jag vet den kommer slå i marken
splittras   upplösas

Men jag älskar fallet
och vattnet
Och den hisnande känslan i själen
när jag släpper taget

Jag ger mig
Jag ger mig

Ur "Barfota i snön",
mest från 2003

Konstiga stora djur
Vad gör de här?
I rad vandrar de bestämt
på havsbottnen
Som om de vet vart
de är på väg.

PÄRLAN

Det ligger en pärla på botten
Den letar sig tveksamt mot ytan
Händer sträcks ner   vill greppa tag
Men pärlan gråter

Regnar det även under vattnet?
Var kommer du ifrån?
Vart är du på väg?

En slamkrypare
De skrattar och pekar finger
Ingen ser dina ledsna ögon
Ingen ser att du bär ett pärlhalsband

Nu spelar någon där uppe
Du lyssnar och undrar om det är
något att lita på
Var kommer musiken ifrån?

Det låter som Gud
Men vad vill han nu?

LJUS FLOD

Det rinner en ljus flod
mellan mörka berg
Den vill jag vara med
Ingen annan

Jag vet den är smal
Men kanske den vidgas
om jag kliver ner i den
Står där ett tag
Blickstilla

Kanske du får plats då
Kanske vi båda är flod då
Det vore roligt

En kväll lekte jag med ljud och namn.
Då kom dessa kvinnor rinnande ... Tack
Umra, Irma, Reva och Mira:

UMRA

JAG GER DIG MIN JORD MITT FUKTIGA
    MÖRKER
JAG GER DIG MIN NATT MIN DAGG
OCH FJÄRILEN LYFTER I SKOGEN
VÅRA KROPPAR GLIDER MOT MARKEN
VÅRA KROPPAR
SUGNA MOT STENARNA DE RULLAR MOT
    LAND
MOSSAN MINNS MOSSAN ANDAS OCH –
    KLUCKAR
JORD, KALL MELLAN MINA FINGRAR
JORD, KALL PÅ MINA ...
DU UMRA
FJÄRILEN SVÄVAR HÖGRE OCH HÖGRE
DU UMRA
HON ÄR ÖVER OSS OCH UNDER OSS
DINA FINGRAR PÅ MINA BRÖST
DINA FINGRAR I MITT ÖPPNA SÅR
JUMALAUTA!
RUMMET RULLAR
OCH VÄLTER

IRMA

Du fyller tomheten   Dina ljud
skakar det genomskinliga
*   platsen blir synlig*
De ylar i natten
De dansar under elden runt stjärnorna
med lätta fågelvingar, bägare fyllda
av rödvin sitter de står de vilar de
mot varandra i Mirjas vilda trädgård

Du Irma
Du vaktar med din sång
mot rovdjuren

REVA

DU SLITER NATTEN I TU
DU SKICKAR DINA BLIXTAR
GENOM MIN SKOG
DU DANSAR GALEN OCH LOCKAR MIG

TILL DITT HUS
DÄR BRYGGER DU LIVSELIXIRET

DET STARKA OCH BESKA.

MIRA

Din vithet mot allt det blåa
Det bildas rum för ljus
Det bildas rum för stjärnor
och långt hårsvall
Vinden sjunger genom din mun
Du talar aldrig
Du bara ser och öppnar munnen
för himlens toner

Du skrattar när jag tittar på dig
Du smeker de andra färgerna i min ryggrad
Det rinner en flod ur dina händer

Ur "Mellanlandet", cirka 2004–2007

I DE MILJONER MÖJLIGHETERNAS LAND

Ge mej räls och tydliga skyltar
Och bom dit jag inte ska
Nej tala om vad som inte är bra

Och skriv mej på näsan vilken färg som är bäst
Säg snälla om jag ska bli konstnär, doktor, lärare
Eller präst

Tag mej i handen och placera mej
framför mannen jag ska välja att
släppa ut mina monster för
Beskriv tydligt hur jag förför

Säg: stå still! När jag ska stanna
Och rör dej! När det är dags att gå
Berätta för mej när jag får lov att känna efter
Och när det är dags att inte förstå

Ge mej en karta och sätt ett tydligt kryss
Där jag ska bo
Och ge mej snälla en övertydlig kyss
Så jag får ro

Kom med en dröm som utförligt förtäljer

Hur jag ska försörja mej just nu
Och berätta för mej om han är ond som vill ha mej
Fastän han har en fru

Ja, Sjung i mitt öra
Om jag ska syssla med prana eller ki
Ge mej en gräns
Så att jag kan bryta mej ut och bli fri!

MOT JORDEN

Den första torra marken
Jag lägger mej ner
med hjärtat mot jorden
Ber, Bär mej

Min stressdarrande rygg
Suger solsken, precis som kråkan, trädet
och krokusen

Ber, må jag lika självklart
Som dem

Världen är
En blink från kärleken
Finns. Finns inte.

Jag hänger mitt emellan
En tanke i de halvslutna
Ögonfransarna, anar

En disig dröm
En disig verklighet

Den du saknar
Är alltid med dej

I EN VÄRLD AV STEN

I en värld av sten
Var som vatten
Var inte rädd för smärtan
Även om den varar i tusen år
Även om du tusen gånger
Misslyckas att bära den och springer
Även om de skrattar
Säger du är dum som stannar dum som går
Var inte rädd för smärtan
Även om du tvivlar tusen nätter
Även när du inte klarar det
Vet att den endaste natten du väljer att lita på
Är en droppe, en å

Vet att alla åar leder till havet
Vet att även gift rinner bort

I en värld av sten
Var som vatten
Vet att en dag kommer stenar flyta
Vet att en dag kommer även stenar bli vatten
Och förlåt dej själv.

JAG SER DINA DELFINER

Jag ser dina delfiner
De trillade ner i jorden
Och jag ser att du med fumliga fingrar
Försöker borsta bort det svarta
Du gräver runt i det fuktiga
Letar
Hoppas du hittar alla
Inte glömt någon

Jag ser dina stjärnor
Och mjuka barnahänder som sträcker sig efter
      dom
Vill ta på dom och bära dom
Och din förtvivlan när du inte når
När tårna inte är långa nog
Och stenbumlingarna från himlen
Trillar ner över dej

Och plötsligt vet du inte vad som är upp
Och vad som är ner
Och hur ska du med dina fumliga händer
Kunna fånga allihopa
Hur ska du kunna bygga upp en värld som håller
som du är stolt över igen?

71

Jag ser dina rädda ögon ditt tysta skrik
din borttappade väska med hemnyckeln i
Dina barnahänder som sträcker sig efter
något att hålla sig i

Ja, jag ser dina delfiner

Blandat 2008–2010

EN ÖM OCH GALEN VERS

upp och ner å ful och halv
oxen grät som en kalv
avundsjuk och jättemjuk
hårdare än stålets bruk

lust och rädd och oberedd
rättare än kammarklädd
ingenting och överallt
vind är varm och blåser kall

kanske näjo obestämd
jätteflabb och så beklämd
ursinnesvåg och raka tåg
som man bäddar där man låg

under över lyckoklöver
alla ting som måns behöver
vem är måns? En tråkemåns?
Frågor svar och det som var

under mössan tittar upp
någon synar under lupp
halkar ner och knappt jag ser
lugnet kommer mer och mer

allt som bryts och ej är helt
dolda kort som är utspelt
kan ej hållas vacker hand
flyter iväg, tappar tand

Allt är utspritt guppar runt
vackra stenar gammalt strunt
allt får vara allting bärs
i en öm och galens vers

TILL EN GAMMAL VÄN

Förr när ni var mer sällsynta i mitt liv
kallade jag er sagofolket
Och du var en färgsprakande sagofågel;
en skimrande sjungande älvsysterkvinna
jag kände igen från länge sen
och som ibland plötsligt var där
på en buss, en båt
i en blomma eller en vinternattston

När du dök upp sprack ofta tjälmarken
de gyllene bubblorna började bubbla igen
galenskapen fick plats
Stjärnorna blev klarare
glittret som fastnat under en sten
slapp loss och jag mindes åter
något jag glömt och som fick mej att skratta
    högt och gult
och ibland vilja gråta helt stilla tyst

Jag minns en gång någon slags vandring på en
    snökristallgata
och att jag stod där i ett stjärnstoffrum
tittade på dej och de andra ur sagofolket
ni skålade, dansade, pratade

77

Jag myste i mjuk tacksamhetsnatt
över att åter bara finnas till med er

GULD

När jag tänker på dig
tänker jag Guld

och att du var min närmsta
så länge
Jag saknar dig ibland

ledsen att jag inte vet det jag vet nu

då hade jag inte behövt gå.
Då kunde vi ha fått vara
dom vi är.

längtan är som en ström
och jag har levt så länge så jag vet
att den kommer och går

Och du finns kvar där
med nån annan nu. Hackar broccoli
och spelar en koncert

Jag tror du har det väldigt bra
liksom jag

och min längtan är guld

eller som ett stjärnskott
i rymden som bär oss båda

Och en dag så kommer längtan
kanske bara inte vara där längre

VÅR

Knoppar, värme och ostyriga fridfulla lustar.
Hade jag tusen armar
skulle jag skriva, dansa, älska, måla och deklarera
på samma gång
ett kroppsliv så kort
som en blåsippa

vill leva mycket
vill leva vackert
och fult

luften varm och mjuk
mot mina armar

svanparet guppar förbi
katten klöser lätt

NÄR DU, MÄNNISKAN

De små darrningarna
och stelningarna
när du, människan
kommer nära med
lysögonen, rolighänderna
och kulorden

De fnittrande viljorna att
sträcka ut tungan
tillbaks men också den
lilla inte–titta–upp–igheten
och samtidigt kika och sen vändabort–igheten

Lycka då med stannigheten
sitta där vid köksbordet
med stelheten, varmheten och nyfikenheten

luta mig tillbaka som den guldiga darrande
sköna evigheten

MITT I EN BLOMMA

Jag vill sitta mitt i en blomma och skriva
om allt som vill slå ut
och allt som trängs
om allt som vissnat
och allt som bränts
om allt som jublat
och allt som gjort ont
om allt jag glömt
och allt jag minns

Jag vill sitta mitt i en blomma och skriva
ett tack till allt som finns

Ett kroppliv så kort
som en blåsippa

vad väntar vi på?

Dikter från Jerusalem
2009 och "Eldhösten"

DAG 1 I GAMLA STAN

Idag har vi mött Abdul
som sa "just smile" till oss på gatan

som hade ett kylskåp fullt med kläder
och skrattade mycket när jag öppnade det
för att ta apelsinjuice

Han visade på sina skottskador
och berättade om sin pappa
som när han var ung inte visste var han skulle
    sätta fötterna
för alla kroppar som låg på gatan utanför

Abdul behövde springa från sin affär idag
och han bodde i något som varit ett turkiskt bad
Där var alla välkomna, alla fick bo där gratis för
    länge sen

han bjöd hem oss igen, när vi ville
vi drack och drack denna dag
Vi måste stanna tills vi druckit upp all man-
    gojuice

För många år sen blev Abdul plötsligt skjuten i

armarna och huvudet på gatan
Han fick ligga på sjukhus i sex år

När han blev frisk sökte han upp mannen som
    avfyrat och frågade "Varför?"
mannen skrek åt Abdul att gå sin väg
men mannens fru ringde upp honom och bad om
    ursäkt

"Alla pratar om fred" sa han, "men vi måste leva
    det också."
"Jag bjuder hem turister och kristna och judar
    och muslimer ... fast en del är rädda här
    ibland,
man är rädd när man har dödat"

Abdul är muslim men har satt sin son i kristen
    skola
När vi satt där kom Abduls brorson förbi ätandes
    på en bit bröd
han delade det i farten med oss alla
och sa att just nu hade de skjutit utanför Abduls
    affär,
någon hade blivit skadad

Abdul viftade med handen

frågade om vi ville ha mer té
ringde sen en gammal vän att han inte skulle
        komma idag
för det kunde vara tårgas på gatorna

När vi skulle gå gav Abdul oss en vas i present
"Are you happy?" frågade han.
"I want you to be happy"

MURAR OCH ÖGON

Vi åt pizza på muren en kväll
och kom inte ner
Det var sent och låst
och ett vasst spetsigt staket
De andra lyckades klättra över
Jag var rädd och trött,
jag behövde ta mej till trädet
på andra sidan
Jag ville inte bli spetsad
innan vi ens hunnit börja leka
med barnen

Då fick jag en pall
Då fick jag ett knä och en utsträckt hand
av dig vars språk jag inte kan
men ögon jag känner
Då kom jag över, jag med

Nästa dag log vi tyst
och varmt mot varandra
Jag tänkte för mig själv
att alla här
borde rädda varandra över murar lite mer

MITT HEM ÄR DITT

När ska den lilla bulldozern komma
ingen som vet ingen som vet
När ska den lilla Bulldozern komma
Ingen som vet Ingen som vet

Det är nattens hemlighet

ÄLSKADE BARN

Vi skulle gå ut och äta
På gatan fanns barn
de hoppade fram när vi kom
en började buffa på mig
jag buffade tillbaks och skrattade
han skrattade också
en liten tjej kastade apelsinjuice
på Svantes shorta
kanske de är vana man ska kasta saker
De pratade, jag visade att vi skulle gå och äta
De kom närmare, en tjej sträckte fram någonting
Jag tänkte först det var en bomb, sen såg jag det
    var chips
Jag sa tack och log
De andra kom också och gav oss snacks
Jag sa tack igen och log
De sprang efter oss
de ville ge oss mer
och mer

RESESÄLLSKAP

(Ej i Jerusalem längre.)

Vi talade om allt som händer i världen
Om Israel och Iran
Om oljeläckage och demonstrationer
Du visade mig filmer, men de var svåra
att ladda upp så jag sa jag skulle titta sen
Jag grät en skvätt
utan att riktigt veta varför
kanske för att jag ville allt,
men tyckte jag fick till inget

På bussen tystnade vi
och jag vilade där bredvid dig
allt flöt som molntussar på en gyllene himmel
Här var vi du och jag
dina oroliga suckar omfamnade
mina bitar ej vassa utan mjuka

För en stund guppade hela världen
i mitt hjärta
utan att vara en plats
utan att ha väggar

bara bärandes på en önskan om fred
och mina händer vilade tryggt
i min egen famn.

ELDHÖSTEN

Mitt i eldhösten är kärleken plötsligt
obarmhärtigt stor
livet är bortom liv
och varje sekund dör och föds
jag och allting
igen och igen och igen

Varje frostkristall som glittrar i gatubelysningen
är det värdefullaste som finns.
Varje natt är full av miljoner klara stjärnor
i vars rymd vi alla alltid är tillsammans
och vet, att det enda vi egentligen gör
är att älska varandra

Ty inte ett löv faller i onödan ...
nej, ett enda löv som faller
faller för alla
skakar och väcker
en hel värld

MITT I

Ett liv kan ibland avbrytas
mitt i
bland trådar som är oknutna
drömmar som är ouppfyllda
och upplevelser icke levda

ett liv kan ibland ges över
till ett annat land
också när myntet inte helt trillat ner
brev ännu är oskrivna
och innan det är lätt att lämna

Ett liv kan ibland vara klart
och helt överlämnat
emottaget av en varm hand
vid en annan strand

trots att allt är
        fullkomligt mitt i

TILLSAMMANS I HÖSTEN

löv efter löv singlar ner
i gatlyktornas sken

kala stammar
i belyst mörker

Vi har alltid delat allt
det har bara aldrig varit
så tydligt som nu

LIKSOM TRÄDEN DÄR DE STÅR

Se på träden där de står
och njut av stigen där du går
Naturlig värdighet är här
När vi slappnar av och är

Lyss på Elden där den sprakar
Och på floden där den brakar
Ingenting behöver göras
för att fiskmåsar ska höras

Liksom regnbågar i skyn
fåglar seglar över byn
allting kommer, går helt lätt
Utan kännedom om fel och rätt

Blommor knoppas, blommor dör
vi känner oss hemma eller utanför
Glassen där på bordet smalt
Stjärnors rymd rymmer allt

Vi kan gräva gropar, ropa, slåss
men det hjälper inte oss
Idéer lyser upp för stunden
Snart hemsöks vi av sömnlös blund igen

Skönt är då för mig att veta
att jag inte mer vill leta
det jag önskar ha och vara
finns just här i stunder klara

Om och om igen jag vilar
med raketer, rädsla, bilar
Mer och mer jag fullhet ser
behöver inte söka mer

Och oändlig kraft blir över
all den kärlek vi behöver
för att fylla systrars, bröders bord
och ta hand om våran jord

OKTOBER 2012

Ibland så håller jag mig kvar
vid slitna grenar, murkna svar
kniper tag i allt det kalla
istället för att låta mig få falla.

Ser på allt som dinglar ner
i färgprakt yr de fler och fler
Jag vill med, precis som dom
som hör när jorden ropar kom.

Så öppnar mina kramptagshänder
lär mig föras en stund i sänder
Skymtar trädet som det är
Naket, vackert, precis just här.

Nytt kapitel

De senaste åren har jag inte samlat ihop mina dikter på det sätt jag brukade göra tidigare i mitt liv. Flera dikter har förlagts eller försvunnit i den digitala floden. Livet har mer levts på utan att alltid skrivas om. Vill ändå som avslutning ta med några dikter som jag hittade. Ett par av dem kom till mig som sånger jag började nynna på. En exempelvis när jag var ute och gick en morgon.

KÄRA MORGON

Kära Morgon jag vill inte slarva bort dig
Jag vill mötas av din sol som säger hej
Och av båtarna och glittret upp på vattnet
som påminner att allt finns här för mig

Kära morgon jag vill inte slarva bort dig
Jag vill smekas av din luft som mig förför
Och av träden där bladen fladdrar sakta
och fåglarna och bruset som jag hör

Kära morgon du är vacker som en morgon
Och du bär inom dig en fullkomlig dag
Och på kajen lyfter just en måsbror
som att lyfta vore livets lag

Kära morgon du har lagt en fjäder här på
    vägen
och en ros böjer sig mot mig
Jag vill tacka för allting som du ger mig
...... att jag får finnas här i dig

CHIA

Den lilla världen
med de stora detaljerna
Dina klara öppna ögon
Ditt självklara leende
Hur du stödjer dig på armarna
och tittar ut på världen nu
Varje ögonblick så viktigt
Vem vet hur länge vi har varandra
på det vis vi har varandra nu?
Minnen av hur du var
när du först kom börjar redan blekna
Du ser dig själv i spegeln
och skrattar ♡

SOLNEDSÅNG

I det lilla barnet
bor det stora Havet;
vattenglitter
fågelkvitter
solnedgång och sång

Allt det där man sitter
och på bryggan tittar på
finns just här
när jag ser
in i dina ögon blå

(När du behövde gå upp med mig
och de andra satt kvar på bryggan
i solnedgången)

★

Det rinner ljus från himlen
vid havet dit jag går
Himlen öppnade sina kranar
till livet som lov
Jag glömde kameran hemma
Så det var bara jag som såg
Varje dag är en ny dag
Syns på himlen som jag får

(hämtade kameran lite senare)

Innehåll